거기, 어딘가

거기 어딘가

정호준 다섯 번째 시집

그림과책

아름답다

15세기 석보상절에 나오는
아름답다는 말은
나답다는 뜻이래요

나다울 때
가장 좋아 보여
흐뭇하게 여겼다는 말

빙그레 웃음이 나고
어느새 어디쯤 힘이 솟는 말

그러니까요

가끔은
나답게
더 아름다워져 볼 일인 거지요

개기월식

돌아가신 아버지가
어머니를 만나러 오신단다

그리움이
낙엽처럼 바스락거리는
저녁

그랬다

걷다 보니 금각사가 보였다
부신 빛은 흰 눈 사이로
더욱 반짝였다

걷다 보니 금각사가 나왔다
우리는 어느새 손을 잡고 있었다

시린 겨울 입김까지
눈부시게 사랑할
준비가 된 것 같았다

가슴이 무작정
달음박질치고 있었다

그랬다
교토가 영영 잊히지 않을 것
같았다

그때
우리도
금각사 물빛처럼 영원히

잔잔하고 싶었다

평가

당신은
사람 같군요

그렇군요

행복

봄이 되었다는 건
어떻게 알지?

그야 금방 알 수 있지

어떻게?

히아신스 향이 말이야
죽여주거든

나도 몰래
자다가도
저절로 행복해지겠지

그럼, 말이야
봄이 온 거야!

행복한 기억

녹슨 대문
오래된 선풍기
검붉은 자전거 페달
얼룩덜룩 다리미 밑바닥……

녹이 탱탱 슬었다는 건
오래되었다는 증거

오래되었다는 건
눈이 가고
정이 들어 어딘가
시큰해진다는 이야기

당신에게
행복한 기억을 되살리는 일

웃게 하는 일

당연한 것

낮다고 실망 말고
자신감 가지기

높다고 자랑 말고
겸손함 지니기

돌고 도는 삶이니
둥글둥글 웃으며

살아보기

꼭 그래 보기

차지

아무도 찾지 않는 바다는
온전히 하늘차지

아무도 살지 않는 섬은
뜨내기 갈매기 차지

구름 사이 숨어드는 노을은
이제야 동백꽃 차지

별빛 스미는 오두막은
밤이 켜지면 내 차지

있어야 할 곳
늘 그 자리에 있는 것들은
애틋해 정겨워라

서툰 이별

오늘도
우리는 아슴게 헤어지네

내일은
이 세상이 차마 없을 것처럼

한걸음

캄캄한
이 마음에
달이 떴으면

아니
한달음에
네가 왔으면

물러서 주기

바람 부는 날은
빨강 등대가 걱정이에요

파도 거친 날에는
파랑 등대가 눈에 밟혀요

모두 한 걸음
뒤로 물러날 수만 있다면
조금은 바다와
하늘 한 자락과
멀찍이 거리를 두었더라면

깊은 한숨 섞이어
바라보는 일은 없었을 테지요

아마도
갈매기 마냥
빙빙 그 곁을 맴돌지는 않았겠지요

물러서기는 용기의 다른 이름 아닌지요

이별

이제 그리움은 사라지는 거니
이제 죽을 듯한 애절함은 없는 거니

그런 거니

그렇게 되는 거니

일요일

아주아주 깊은 잠이었습니다
아주아주 편한 꿈이었습니다

그랬으면 좋겠습니다

오늘은 일요일이니까요

예를 들어

잘린 꽃은 잘 피어나지 않아요
더 이상 살아갈 희망이 없으니까요

지는 노을은 검붉은 눈물을 토해내요
더 이상 오늘은 영영 다시 못 만나니까요

예를 들면 그렇다구요

내가 꼭 그래요
당신— 곁에 자꾸 없을 때는요

매화도

예를 들어

저렇게 무심히 꽃잎
피우기까지

얼마나 수백 번 수만 번
요동쳤을 마음이라는 걸

알겠는가

그렇게 담담히 꽃잎
흩날리기까지

누르고
눌러 담아
다듬던 순간이 있었다는 걸

바람

바람이 불 때
당신은 어떻게 하시렵니까?

날개를 펴고
멀리멀리 날아가시렵니까

바위 뒤에 숨어
동그랗게 웅크리고 있으렵니까

준비는 늘 삶을 바꾸지요
선택은 늘 인생을 뒤집지요

가끔은 궁금해요

남풍이 불어오면
우리는 어떤 표정을 지을 수 있을까요!

멀고 먼 이야기

참새들이 재잘거리는 소리를
알아듣지 못했다

나는 아직
부족한 게 많은가 보다

해바라기하던 고양이가 건네는
인사를 눈치채지 못했다

나는 여전히
멀고, 멀었나 보다

증거

당신은 이미 시인

왼손을 펴 보세요
자세히 들여다보세요
거기 쓰여있는 글씨가 있지요
모르시겠다고요?
그럼, 좀 더 자세히 보세요

'시詩'가 보이지요

우리는 이미 시인

언제나 손안에 시를 새기고
사는 시인이지요

다만 깨닫지 못했을 뿐
미처 알지 못했을 뿐

어때요
이제는 시가 쉽고 편하지 않나요

매력

누구에게나
초록은 있어

강낭콩만 넝쿨손을 뻗는 것이 아니지
몬스테라만 가슴을 찢어 입술을 만들지 않지

네가 만진 그 손끝에
서서히 초록이 물들어

물빛에 어룽대는 소나기 같은
청량한 그늘이 드리워져

누구에게나 깊은
초록은 있지

너의 그 말간 눈빛 한 번으로
웃음 한바탕으로
봄이 오는 것처럼

저기 울타리
수리수리 술술 연둣빛이 되듯이

작은 다짐

금목서
활짝 피는 날

금목서
향기에 숨이 멎는 날

그날에
꼭 말할 거예요

당신을
이미 마음에 두었다고
그 안에 가두어 어쩌지도 못한다고

금목서
꽃말을 차마 말하지 않아도
당신은 알 거라고
향기 하나만으로, 스르르르
깨닫게 될 거라고

겨울잠

잠자는 거 아니에요

잠시
숨 고르는 중이에요

더 멀리
더 높이
더 크게 크게
자라나기 위해

움트기 전
마음까지 추스르는 중이에요

그러니
기다려 주세요

아주아주 잠깐이면 되거든요

한순간

바람이 어떤 빛깔이었지?

처마에 고드름 반짝이는 날
흰 산이 다시 푸르스름해지는 날

오랜만에 마루에 누워
해바라기하다
든 생각

웃음이 어떤 눈빛이었지?

겨울은 어떻게 하품을 하지?

가끔은 나도 나를
이해하기 싫은 날

새해의 희망들은 어디로
다— 숨는 거지?

기억

너의 웃음은
누군가의 울음 위에 피워 낸
꽃 같은 것이라는 걸

기억하렴

그러니
늘 감사하렴

악순환

녹지 않는 눈을 바라보다
그늘진 응달을 가만히 응시하다

폭설이 내린 지 언제인데 아직도 질척이는 저 길이
야속하다 생각하다

도저히 그치지 않는 그리움도 있다는걸
도무지 어쩌지 못하는 외로움도 있다는걸

폭설같이 펑펑 쏟아지는 사랑도 있다는걸
그런 사랑에 속수무책인 사람도 여기, 있다는걸

알아주기를
기억해 주기를 당신도

그렇다면 다시 돌아와 주기를
제발 바라고 바라던

그런, 겨울이었다

갈라놓다

고래같이 큰 입
벌려

어제는
사랑하던 당신을 삼키더니

배가 안 부른지

오늘은
지는 해랑 구름까지 집어삼키더니

여전히 묵묵부답

인정도 눈물도 없는
저 바다

무심한 바다

동물원

구경은 네가 한다고 생각하겠지

사실
너는 입장료까지 내고 와
내 앞에서 재롱을 피우는 동물

인간은 참 단순해서 좋아

나만 보면 울던 애들도 박수를 치며 좋아하니 말이야

구경은 네가 한다고 착각하겠지

오늘도 모델처럼 지나가는 너희를
나는 곰곰 품평해 댔지

참, 형편없는 인간들
갈수록— 천지라고 말이야

목표

지혜로운 사람 되기

먼저
그런 욕심부터 버리기

내일

기대되고
기다려져
내일이라고 하네

당신에게도
그런 내일이기를

바라고
바라고

바라보네

눈을 감는다

눈이 내린다고 덮이겠느냐
눈이 쌓인다고 묻히겠느냐

눈이 그친다고 멈추겠느냐
눈이 녹는다고 사그라지더냐

눈이 지워가는 세상이
이다지도 확연한 건 무엇이냐

눈을 감아도
질끈 감아도
더 선명해지는
그런 사람, 있음을……

밤새

소쩍새, 뻐꾸기, 비둘기, 까막까치 울음을
구분할 수 있게 되었어요

뒤척 뒤척이다 보니
머뭇거리는 그 소리도 환히 내다보게 되었지요

그만한 사정이 있었겠지요

그래도 거기 어디
당신, 나처럼 수런대며 서성거렸을지도 모른다고

감히 짐작하였지요

저 울음은 서러워서도 슬퍼서도 원망해서도
아니라
그리워서 우는 것이라
절절히 보고 싶어 우는 것이라고

감히 상상하였지요

밤새, 한치나 묵은

학처럼 길어져
다만 조금은 야위었다고

시詩

어디에나 있지만 만나기 어려운 것
아무것도 아니면서 모든 것

공기 같은 것

햇살 잘 스밀 때까지
탱탱하게 영글 때까지

기다려야 하는 것
기다려 주어야 하는 것

너와 같은 것

혼자 있는 시간

심심산골에서
심심하게 살 거다

고독하면
더 큰 고독을 만들고
슬플 때면
더 큰 슬픔을 만들며

가끔
휘파람 불고
네 이름 외치고
메아리 따라 부르다

심심산골에서
심심하게
먹먹하게 살리라

다짐했지요

선한 데 지혜롭고
악한 데 미련하라

말씀 깊이 사모하여
실천하며 살아가자

성탄절 즈음, 속으로 기도하며
다짐했지요

다르다

겉으로 울먹이지 않는다고
담담하다거나
무심한 사랑이라 생각 마시오

마음속
또아리 튼 응어리

이미
폭포 같은 슬픔, 쏟아지고 있다오

연속의 연속

연속적으로 이루어져 있는 세계를
언어는 불연속으로 끊어서 표현할 수 있지
이를 언어의 분절성이라고 하지

무지개의 색을 정확히 표현할 수 없잖아
하늘과 바다의 경계를 확실히 나눌 수 없어
밤과 낮을 엄격하게 구분할 수도 없는걸

그건
너와 나
그 사이를 끊어 나눌 수 없는 것과 같지

연속된 것은 여전히 연속되어야 하는 것
아닐까 싶어서 말이지

반성

언어는 한정된 말소리로
무수히 많은 단어를 만들 수 있고,
단어의 나열을 통해
아주 많은 문장을 만들 수 있다

이를 언어의 창조성이라 한다

너를 위해 나는 오늘
얼마나 많은 언어를 창조했나

너의 영혼을 살리는 말
너의 생명이 맑아지는 말

얼마나 만들고 만들었나

동자꽃

하염없는 기다림이
두 손 모은 그 기도가
주황빛 그리움

동자꽃이 되었대요

꽃 한 송이 피어
온 세상 향기롭게 밝힐 수 있다는
믿음

그 말을 믿어요

눈 오는 날

당신도
반짝이나요
저 하이얀 눈꽃처럼

자유로울 수 있을까요
저 흩날리는 눈보라처럼

멈추지 않고
머물지 않고
걸리지 않고

휘날리나요
옹골지게 부는 저 바람처럼

당신도
한 번은 그렇게
드높아질 건가요

눈부실 건가요

그때 나는

또 부서지는 파도
또 흩어지는 말들

또 사라지는 포말
또 파고드는 표정

또 스며드는 입김
또 한숨 같은 바람

또, 또— 끝도 없는
침묵

가까이

내가 가장 좋아하는 말

행복은
늘 가까이에

너에게 맨날 해주고 싶은 말

행복은 늘 가까이
가까이에 있음을

탱고

위로
용기
추억이 되는 춤

탱고

당신은
어떤 손짓으로
어떤 눈짓으로

들썩들썩
어떤 몸짓의 춤을 추며
살고 있는가

부탁

부탁이다

오늘은 내내
창을 열고
새소리를 듣는 걸로

바람 따라 나부끼는
벚꽃잎을 보는 걸로

부탁이다

오늘만이라도
당신 생각,
고이고이 접어 두는 걸로

저녁에

꽃을 받은 건 처음이었다
차를 마시는 시간이 그만이었다
노을 지는 걸 바라보는 일이 한참이었다

당신과 함께한
이 저녁

내리는 눈이 시렸다
푹푹 쌓여가는 건 추억만이 아니겠기에

시간

깊은 산골에는
낙엽이 떨어져도
떨쳐낼 수 없는
고독과 외로움

심심산골에는
바람 소리 식어도
헛헛한 달빛 따라 흐르는
고요와 그리움

너의 시간은 어떠한가
안부를 묻는 것조차, 번거로운
번뇌일 테니

대화

이렇게
바람 부는 날

덜컥
눈발 나리는 날

달빛, 찬 밤
별빛, 여윈 밤

너는 어떤가
너는 괜찮나

나 없이
나 없이

무사한가

정말
아무렇지 않은가

모자람

슬프면 얻는 것도 많다는걸
슬퍼 보고야
아파 보고야
너를 떠나 보고서야
알았어

기억하려 할수록
잊지 않으려 할수록
더 흩어지고
부서지는 것이 있다는걸

너를 사랑했던 시간이
전부였음을
깨닫고 나서야

바보처럼
천치처럼

알았어

하필

빈 가슴으로 살려면
먼저 빈집이 되어야지

빈집에 살아가려면
먼저 너를 떠나보내야지

저기 헐벗은 나무처럼
저기 저 텅 빈 들판처럼

겨울처럼
다시 처음으로 돌아가는
저 저녁의 고요처럼

계절의 인사

부르는 소리
더 잘 들리고

푸르른 물색
더 깊어지고

스치는 바람에도
더 향기 짙어지는

가을

다시
내 마음을 두드리고

계획 없는 삶

계획이 없는 것이
계획일 수 있다

인생에도 정답이 없듯이

우리 사이도 그렇고 그렇듯이

마음을 잇다

시가 쉬우면 안 되나
이렇게 복잡한 세상에

시가 좀 그러면 안 되나
위로가 필요한 순간에

말없이

오늘은
너의 나이테에 어떻게 기억될까

그게
좋더라

너의 가을, 그즈음
어떤 표정을 짓는지
어떤 날개가 돋는지

오늘은
우리 인생, 어떤 숨결로 쌓여가고 있을지

일상

하늘이
유난히 깊어졌어요

아마도
바다가 점점 흐릿해지기
때문인가 봐요

아니요
가을이 오기 때문일까요

아니 아니
당신 생각에 밤늦고
걱정, 유난히 깊어서인걸요

다짐

그들은 저급하게 가도
우리는 품위 있게 살자

그들은 그렇게 죽어가도
우리는 이렇게 지키며 살아가자

아주 오래된 이야기

아주 오래된 나무 궤짝 안에는
더 오래된 이야기가 숨어 산다

케케묵은 우리 집의 역사가
반질반질 다시 살아날 것만 같아

오늘은 그 궤짝에 손을 얹고
아주아주 옛날 돌아가신 할아버지의
온기를 찬찬히 느낀다

우리 집에는 나보다도
형보다, 아버지보다도 나이가 많은
여기저기 삐거덕거리는 그리움이
아직도, 아직까지도

덩그러니 남아있다

궁금해

가끔
궁금할 때가 있다

너는
자라서
무엇이 될까

나는
나는
늙어서
무엇을 할까

책임

공주가 아닌데
공주로 키우네

왕자가 아닌데
왕자를 만드네

누구의 탓인가

누구를 탓할까

그래서 문제네

곰에게

마늘 좀 많이 먹어라

온전히 사람이 되려면

쑥도 쑥쑥 챙겨 먹거라

진짜 인간다운 인간이 되려면

사라지는 것들

주변에 넘치는 게
친구인 줄 알았는데

사람이 많아도
사람이 참, 귀하더라

살다 보니 그게
정말 절실히 느껴지데

여름

닭벼슬처럼 자라나는 햇살을
느낀 적 있다

시원한 바닥을 궁구는 고양이를
만난 적이 있다

어느새 한 뼘, 몰라보게 자란 천리향 가지를
바라본 적이 있다

그처럼
철썩이는 파도 소리, 그 파아란 숨골에도
여름이 벌써
영글고 있었다

사진

잘 산 사람은 추억이 많은 사람이라고

아버지가 돌아가셨는데
아버지와 함께 찍은 사진
그런 변변한 사진이 한 장도 없더라구요

목욕탕에 가서 등을 서로 밀어주던
그 흔한 장면
그 평범한 기억이 하나도 없더라니까요

나는 잘 산 줄 알았는데
참 잘살고 있는 줄 알았는데……

잘 살지 못한 사람
그게 바로 나더라구요

지금에야
후회해도
그만그만
소용 하나 없는 일이더라고요

그늘

바람의 속살이 궁금해
기상도를 본 적 있어

마냥 웃는 기압골에는
볼 깊은 보조개가 자주자주 생기는 것 같아

잘 웃고
잘 울고
햇살보다 눈 부신 그늘을 드리우던 모습까지

그리워

바람의 속살이 궁금해서가 아닌지도 몰라
사실
네가 보고 싶어
거기까지는 바람이라도 되어야 갈 수 있을 것
같아
그래

꼭 다시 만나고 싶은지는 나도 몰라도
그리워

그리워서 그랬는지도 몰라

나도 나를 잘 모르는데
그늘의 온기까지야
더 말 안 해도 감감한 소식일 테지

아마
그럴 테지

스승의 날

가끔은
너의 소식
궁금도 하지만

무소식이 희소식이려니

믿을 수밖에

지각

조금 늦는 거라고
그래도 좋으니
오기만 하라고

다독이며
다독이던 마음이 있다

그런 아련한 순간이
내게도 있었다

반복

밥 먹다가
술 마시다

울컥
나도 몰래
눈물이 나

일하다가
잠시 쉬다

울컥
나도 몰래
울음이 나

그래
그래
못 잊었나

그래
아직
그리운가

어버이날

오너라
가거라
이제 원하지 않을란다

시집가고
장가 가면
남이라고 하더니만

그 말
참 맞는 말이라
실감하게 되는 날

그게 하필
오늘이 될 줄을……

길

가장 편안한 길은
집으로 가는 걸음

가장 행복한 길은
너에게 가는 걸음, 걸음

도착

엄마가 그만
자라고 한다

나는 잠이 들지 않지만
나비처럼 팔랑팔랑 책을 덮는다

엄마가 옳다

내일의 문을 열고
무사히 다시 이 자리로
돌아오려면
도착하려면

조금은 더 단단해질 필요가 있을 테니까

꿈속에서

꿈을 꾸려고 해도
꿈꾸지 못하는 나이가 있다고

늙으면 다- 그렇다지만

엄마는
마음이 소녀 같으니까
아직 맨날맨날 꿈꿀 수 있다고

꿈속에서라도 알려주고 싶어요

명확한

금방 물러버리는 우리 계절은
붉어진 딸기를
꼭 닮은 것 같아

금세 시큰해지는 나의 시간은
노래진 금귤을
어딘가 박제한 것 같아

변해가는 일

우리만의 사연은 아닌 것 같아
조금은 안심이 돼

흩어져 사라져 가는 일

그것 또한 그렇지 않을까 싶어서

마음에 들다

나를 녹여서 너에게
스미고 싶어

나를 부수어 너에게
섞이고 싶어

자연이 그렇듯
자연스레 그렇듯

마음을 다해
영혼을 바쳐

당신을 사랑하고 싶어

사라지는 것들

새로 태어나는 반짝임이 있다면
어딘가
잊히고 바스러지는 마음이 있다는 말이지

영혼을 사로잡는 사랑이 찾아온다면
언젠가
무표정한 얼굴로 돌아서던 이별이 또 있었다는 뜻이겠지

알고 있었다

노래는 부르는 것이 아니라
인생을 읊는 것이라는 걸요

당신은
아시네요

슬픔은 흐르는 것이 아니라
녹이고 삭이는 일이라는 걸요

당신은
알고 계셨네요

세월이
세월이
찬찬히 알려준다는 것을요

물감

너는 파도같이
울었다고 했다

오늘 그리는 바다는
어떤 빛깔로 일렁이던가

갯메꽃 마디마디
뜨거운 모래를 움켜쥐고
떠나지 않으려
떠나보내지 않으려고

너는 바람처럼
울었다고 했다

눈물은 식어 이슬이 되고
이슬은 말라 지문이 되어
떠나보내지 않으려고

가버리지 말라고, 버리지 말라고

닿지 않을

새들은 어디에서 우는가

삼나무 사이로
흰 눈이 내려

기억의 발자국
쌓이는 시간

어디에서 새들은 자는가

이 견디기 힘든 겨울을
이 더딘 아픔을

당신은 거기 어디서 어찌 지내나

결심

행복은
작아도 더 크게 느끼고

불행은
작아도 더 작게 느끼고

그렇게
그렇게
세상을 더 넓게 느끼기

방문

낮잠에 들었던 엄마가
돌아가신 큰이모를 만나고 오셨다
하네요

생전 그 모습
그대로
보고 싶던 그 모습
그대로

당신도 그런가요

죽어서라도 보고 싶은 사람

그런 사람 가슴 안에 품고
살고 있는가요

아이스크림

녹아버릴 운명이라는 거
흘러버릴 숙명이라는 거

알아

너도 그럴 거라는 거

다 알아

엄마

그 작은 손으로
우리를 키웠구나

그 거친 발로
우리를 키웠구나

이렇게 크게
크게도 키워냈구나!

스위치

좀 삐뚤어져도 돼

짝다리 짚고
다리도 떨면서
그렇게 살면 또 어때

저리 삐딱하지만
잘도 돌아가는
지구도 있는 걸 뭐!

당신 그리려다

동그라미 하나
그려 놓고 잠들게요

이 밤
잊지 말고 찾아와
꼭 다시 찾아와

눈이고
콧날이고
봉선화 빛 고운 뺨

다시 보여 주고 가세요

못다 한 이야기까지
거기 모두 다 그려 두고 가세요

눈부신

각자 자라고 싶은 대로 자라렴

굳이 같을 필요는 없지

저길 봐
소나무 숲을
거기 내리는 부신 햇살을

각각 따로지만
서로서로 어우러지는 특별한
아름다움을

그러니
너도 그냥 자라고 싶은 대로 자라 보렴

그래도 세상에 자유롭게
눈부시게 어우러질 터이니

한 끗 차이

한 끗 차이는 크다

– 도와줄 것도 없는데

– 도와준 것도 없는데

말은
사람을 당기기도, 멀어지게도 한다

한 끗 차이는 정말 크다

평소대로

나는 아직도 뜨거운데
겨울이라네

나는 이렇게 뜨거운데
너는 없다네

저녁 풍경

갈 수 있는 데까지
가보자

저 별이 인도해 주는 곳까지

인생은 원래 그런 거니까

오래된 책

돌보지 않는 정원은
풀밭처럼 무성해지고

가꾸지 않은 인연은
돌밭처럼 황폐해지리

구석

당신은
이 계절
가을부터 가을까지
끝-에서 끝, 끝까지
안녕하신가요

낙엽들만
구석을 좋아해
모여드는 것만은 아니겠지요

공터는 이미 은행잎 천지더이다

천지에 나밖에 없다는
천치 같은 생각을 한 적은 없는지요

구석구석 생각은 쌓이고
추억은 이제 차마 발효되어 가고 있지는 않은지요

당신의
가을은 어떤가요

이리저리 머리를 굴려봐도
행복했던 웃음은 너무 멀어
차라리 아득한 햇살처럼 모서리를 만드는 일은
아닐는지요

꼭 한 번은 만나
묻고 싶은 날이 있었지요
당신도 나처럼 차가워졌냐고요

매일매일 시퍼런 서릿발을 밟냐구요

감정이입

오늘의 천리포수목원

늦가을이 엉덩이 붙이고 국화 옆에
머물러 있음

오늘의 만리포 바닷가

당신이 추억인 양, 덩그러니 윤슬로
일렁이고 있음

겪다

가을이네요
비가 오네요
밤, 드리우네요

뿌옇게 안개가 밀리고
이렇게 추억이 맴돌고
어느새 눈물, 흐르데요

나는
아직도
지금도
가을을 타네요

격하게
견고하게
당신을 겪네요

다시, 다시, 원점原點이네요

기침

엄마가 물 마시다 사레가 들었다
콜록콜록 기침하다 흘리는 말씀

— 늙으면 어쩌냐, 추좁해서 어쩌냐
— 근데 엄마, 지금도 늙었는데 얼마나 더 늙으려구

기침하던 엄마가 눈물 글썽이며 웃는다

더 이상은 우리, 나이 들지 않았으면
흐르는 시간을 잡아 어디 몰래 묶어두었으면
그럴 수 있었으면, 꼭 그랬으면

폐가

굳이
굳이 찾지 않아도 된다

너 떠난
나

이미 온통 이리 허물어져 버렸으니

형태주의적 접근

딱, 딱, 딱
책상을 치는 당신

당신 손이 그 책상에게 무슨 말을 하나요?

오늘은 날이 좋아
그저 웃음이 나던가요

그냥
궁금하네요

딱딱한 해석은 싫어요
대신 약속해요

조건 없이 나를 좋아해 줄 거라고
정말 그렇게 자주자주 생각해 줄 거라고

딱, 딱, 딱-
의자만 두드리는 당신

당신 눈이 의자에게 무슨 말을 하고 싶나요?

거기 앉을 내게는요

궁금하네요
그냥
그냥
그 마음이요

배려

까치밥은 남겨 두어라

서로가 서로를 위하는 마음
그게 그리 어려운 게 아니란다

그러니 너도
두 손 꼭 쥐지 말고
거기 남을 도울 손 하나, 늘 비워두거라

비밀

달의 시간을 재려 하지 마세요
그건 당신 속마음, 속속들이 알고 싶어하는 것과
같으니까요

달의 이면을 궁금해 마세요
이건 사랑에 대해 시시콜콜 모두 기억하고 있다는
다른 말이니까요

살짝 모른 척해 주세요
서해는 여전히 일렁거리고
들썩이며 부신 빛깔이잖아요

당신이 반짝 눈 감은
그 덕분에 말이에요

한참 후에

비가 한 잎 한 잎 내려
쌓일 틈도 없이 사그라들어

뒷짐 지고 가는 아버지

– 아버지 어디 가세요
– 멀리 가
– 거기가 어딘데요
– 몰라, 너는 어려, 아직 몰라도 돼
– 같이 가요, 그러지 말고

따라나서려
허둥대는 사이 희미해진 그림자
두리번거리다 알게 되었지

꿈이라는 걸, 모두 꿈같은 일이라는 걸

꿈도 잘 꾸지 않는 나이가 된다는 건
슬픈 일이라는 걸
그 후로도 한참 지나서야 알게 되었어

그리움은 차곡차곡 쌓이는 것이 아니라
스미는 거라는 걸

그날

햇살 좋은 날

몬스테라의 그림자를 본다

깊고 짙푸른 그림자

일렁이는 햇발도 하염없어
그림자를 쪼그리고 앉아, 함께, 쳐다보는 날

나는 어떤 그림자를 만들어가고 있는가
어떤 무늬로 수런대며 살아가는가

너는 어떤가
물음표를 던지는 날

햇살 유난히 등 뒤에 따갑던
그날

구문소

물이
바위를 뚫을 수 있다는걸
보여 주는 곳

때로는
부드러움이 강함을 이길 수도 있다는
진리를 증명하는 곳

바로 강원도 구문소라지

그렇구나
그렇구나

부드럽게
매끄럽게
투명하게
물처럼 그리 살아야 하는구나

저어새

저어도
저어도

아무리 고개를 저어도
너를 잊을 수 없어

저어도
저어도

지치게 노를 저어도
네게 닿을 수가 없어

죽어 다시 태어나도
나는 결국 저어새

아무리
저어도 저어 봐도

아무리
마음을 다해 봐도

우리 다시 만나
사랑하기는 힘들 뿐

우리의 거리는 거기
바다 끝 닿는 거기까지

철새처럼 마음도 흘러가는 것이라고
인연의 끝은 늘 그런 거라고

그걸 이제라도 깨닫기를 바란다고

죽어 다시 태어나도
나는 결국 저어새, 운명이라고

서산 용현리 마애여래삼존불

저 돌도 웃는데
너도 좀 웃어라

웃고 살아라

자두

형이 누나에게 전화해서 물었다고 한다
엄마 생신이 이맘때가 아니냐고
자두가 나오는 걸 보니 그때가 아니냐고

누나가 맞다고 했다기에 웃음이 나왔다
나도 자두가 나오면 그때인 줄 알기에

지금은 사그라진 어릴 적 우리 집에는
더 늙기도 힘든 크디큰, 자두나무가 있었다고
그 자두나무가 일 나가신 엄마를 기다리던
우리
안식처였다고

엄마 입에서는 늘 자두 향이 났다고

우리는 늘 엄마가 그렇게도, 그렇게도 그리웠다고

듣고 싶은 말

남아있을 너도 슬펐겠지만
떠나야 했던 나도 가슴이 무너졌다고

어느 날
어느 날
만나게 된다면

그리
말해 주기를

꼭 그래 주기를

볼링을 치다

욕심을 부리다
힘이 팍팍 들어가
볼링공을 놓쳤어요

고랑으로 흐르니
답이 없네요

말 안 해도 알겠죠
당연히

사랑도 그런걸요

진국

겉보다는
그 속을 가꾸세요

그럼
진국이 될 거예요

이제

너는 차가워졌는가
가을이 되어서

너는 시들해졌는가
가을이 되어서

너는 희미해졌는가
가을이 되어서

너는 뒹굴고 있는가
가을이 되어서

너는 바스라져 버렸나
가을이 되어서

너는, 너는 이제 없는가
가을이 다 되어서

가끔은

그리움의 키가 작았으면 좋겠어
저기 코스모스처럼
아니 민들레 꽃대처럼

외로움도 자주 깜빡이면 좋겠어
저기 바다로 난 외길처럼
그 위 반짝이는 하늘의 샛별처럼

아니, 아니, 아득히 번지는 저 뱃고동 소리같이

당신에게

거기
잘 보이는 자리
손 내밀면 잡힐 것 같은 자리

거기
안온하고 따스한 자리
바람도 한숨 쉬었다 가는 자리

거기
있어 줘요

가을이 가기 전에
겨울이 오기 전에
그전에

거기에
그대로 남아 줘요

사랑

견고하고 단단해
늘 반짝반짝 빛나는 줄 알았네

찌그러지고 구멍 나
녹이 슬고 납작해져
자주 마음 어딘가를 베이는 일

너의 깊은 속을 알아가는 일

감히
사랑이라 부르고 싶네

충돌

남의 슬픔에 무딘 사람이 많다는걸
안다

남의 고통을 즐기는 사람이 의외로 많다는걸
안다

남의 아픔에 눈감는 사람들이 많아진다는 걸
안다

그들의 끝이 어떨지를
나는

알고 있다

부처가 되는 길

가장 큰 부처는 사람이란다

그러니
가장 큰 공양은 베푸는 일이리라

순리

하루하루
살면 된다

그냥
하루하루
살아가면 된다

저 새가 그렇듯
저 꽃이 그렇듯

저 나무가 그렇듯

너도
나도
그러면 된다

그냥
그냥
살아있으면 된다

정리

빚은 잠도 안 잔다고
엄마가 그랬다

잊지 말자

빚지고 살면 정말
큰일이다

모빌을 보면

흔들흔들
균형을 잡는 일

쉬운 일이 아니지

사는 일도 그렇지

건들건들
살아가고 싶어도

쉽지만은 않은 일

아무쪼록

알고 있는가!

포기할 때만
실패하는 것이라네

목숨

꾸미지 않아도
이리 아름다울 수 있다고

감꽃
떨어지며 알려 주네

목숨 값하네!

거미에게

허공을 견디는 기분은 어떨까

가끔
그게 궁금해

너는 막막할 때 어떤 표정을 짓는지

가끔
시퍼렇게 울고 싶은지

그러하다고

-검소하지만 누추하지 않고
화려하지만 사치스럽지 않다*

궁궐을 천천히 거닐며
생각했다

너를 향한 이 마음도
그러하다고

*1연은 유홍준 교수가 궁궐에 대해 한 이야기를 인용함.

응원

초보初步는
처음으로 내딛는 걸음이라는 뜻이래

오늘 벙글기 시작한 목련

너도 어딘가 나처럼 망설인다 했더니

긍정의 말

−막내야, 일 내부렀다
 깨봉다리를 엎어부렀으야

−걱정 마세요 엄마!
 덕분에 깨가 쏟아지는 집이 되었잖아요

크리스마스

예수님처럼
부처님처럼
유명해졌으면 좋겠다

그러면 말이야

세상 사람들이
다 알아주겠지

크리스마스처럼
내 생일도 말이야

맴돌다

아침때
온도, 습도, 바람

너를 부른다

저물 때
거리, 나무, 풍경

너를 그린다

한순간

이제
그만 살자

저 떨어지는 동백처럼
온통 한꺼번에 무너지자

이번 생生은 그러자

그래보자

한번 그래보자

정말!

사과

사과가 무거워
떨어졌다

우리가 서먹해
멀어졌다

미안하다

지구가 버거워
떠나련다

깨우치다

참!
너도
뜨거웠구나
치열했구나

빨갛게 여문 수박
한 덩어리

내내 비비고 머물다
떠난 자리

그 두렷한 자리를 보니 알겠구나

당신 있던 자리도
내내 그랬다는 걸

떠나는 이유

쓰레기를 버린다

우리가 먹고살았던 기록

그 흔적을 지운다

다시 새로워지려고
다시 시작해 보려고

*거기 어딘가, 찾아볼까요!

아름답다 / 4, 개기월식 / 5, 그랬다 / 6, 평가 / 8, 행복 / 9, 행복한 기억 / 10, 당연한 것 / 11, 차지 / 12, 서툰 이별 / 13, 한걸음 / 14, 물러서 주기 / 15, 이별 / 16, 일요일 / 17, 예를 들어 / 18, 매화도 / 19, 바람 / 20, 멀고 먼 이야기 / 21, 증거 / 22, 매력 / 23, 작은 다짐 / 24, 겨울잠 / 25, 한순간 / 26, 기억 / 27, 악순환 / 28, 갈라놓다 / 29, 동물원 / 30, 목표 / 31, 내일 / 32, 눈을 감는다 / 33, 밤새 / 34, 시詩 / 36, 혼자 있는 시간 / 37, 다짐했지요 / 38, 다르다 / 39, 연속의 연속 / 40, 반성 / 41, 동자꽃 / 42, 눈 오는 날 / 43, 그때 나는 / 44, 가까이 / 45, 탱고 / 46, 부탁 / 47, 저녁에 / 48, 시간 / 49, 대화 / 50, 모자람 / 51, 하필 / 52, 계절의 인사 / 53, 계획 없는 삶 / 54, 마음을 잇다 / 55, 말없이 / 56, 일상 / 57, 다짐 / 58, 아주 오래된 이야기 / 59, 궁금해 / 60, 책임 / 61, 곰에게 / 62, 사라지는 것들 / 63, 여름 / 64, 사진 / 65, 그늘 / 66, 스승의 날 / 68, 지각 / 69, 반복 /

70, 어버이날 / 71, 길 / 72, 도착 / 73, 꿈속에서 / 74, 명확한 / 75, 마음에 들다 / 76, 사라지는 것들 / 77, 알고 있었다 / 78, 물감 / 79, 닿지 않을 / 80, 결심 / 81, 방문 / 82, 아이스크림 / 83, 엄마 / 84, 스위치 / 85, 당신 그리려다 / 86, 눈부신 / 87, 한 끗 차이 / 88, 평소대로 / 89, 저녁 풍경 / 90, 오래된 책 / 91, 구석 / 92, 감정이입 / 94, 겪다 / 95, 기침 / 96, 폐가 / 97, 형태주의적 접근 / 98, 배려 / 100, 비밀 / 101, 한참 후에 / 102, 그날 / 104, 구문소 / 105, 저어새 / 106, 서산 용현리 마애여래삼존불 / 108, 자두 / 109, 듣고 싶은 말 / 110, 볼링을 치다 / 111, 진국 / 112, 이제 / 113, 가끔은 / 114, 당신에게 / 115, 사랑 / 116, 충돌 / 117, 부처가 되는 길 / 118, 순리 / 119, 정리 / 120, 모빌을 보면 / 121, 아무쪼록 / 122, 목숨 / 123, 거미에게 / 124, 그러하다고 / 125, 응원 / 126, 긍정의 말 / 127, 크리스마스 / 128, 맴돌다 / 129, 한순간 / 130, 사과 / 131, 깨우치다 / 132, 떠나는 이유 / 133

그림과책 시선 300

거기 어딘가

초판 1쇄 발행일 _ 2024년 3월 28일

지은이 _ 정호준
펴낸이 _ 손근호

펴낸곳 _ 도서출판 그림과책
출판등록 2003년 5월 12일 제300-2003-87호

03924 서울특별시 마포구 월드컵북로54길 17 821호
      (상암동, 사보이시티디엠씨)
        도서출판 그림과책
전화 (02)720-9875, 2987 _ 팩스 (02)720-4389
도서출판 그림과책 homepage _ www.sisamundan.co.kr
후원 _ 월간 시사문단(www.sisamundan.co.kr)
E-mail _ munhak@sisamundan.co.kr

ISBN 979-11-93560-07-5(03810)

값 11,000원

이 책의 판권은 지은이와 그림과책에 있습니다.
잘못된 책은 교환해 드립니다.